# ROMANCE OF THE THREE KINGDOMS
# 《三国演义》

## 四大名著
### 中国文学史上的重要著作

QING QING JIANG

江清清

# PREFACE

I hope you have been enjoying learning Mandarin Chinese. Now it's time to learn about Chinese literature.

I'm more than glad to bring you to the Chinese Literature series. In this series, I'll introduce you to some of the most important novels of Chinese literature (中国文学史上的重要著作), including the Four Great Classical Novels (中国古典四大名著). These literary masterpieces are extremely popular in China and around the world.

The books in Chinese Literature series contain numerous lessons in Mandarin Chinese. We start with a brief introduction of the book in the preface (前言) in Chinese and pinyin, a bit detailed introduction to the treatise/novel (in English), and continue to dig the corresponding masterpiece in different chapters. Each book contains 7 to 10 chapters made of simple Chinese sentences. For the readers' convenience, a comprehensive vocabulary has been provided at the beginning of each chapter. The pinyin for the Chinese text is provided after the main text. Further, to enforce a deeper Chinese learning, the English interpretation of the Chinese text has been deliberately excluded from the books. This would help the readers think deeply about the contents the way native Chinese do! In order to help the students of Mandarin Chinese remember important characters, words, long words, idioms, etc., these entities have been purposely repeated throughout the book, and across the books in the series. Taken together, the books in Chinese Literature series will tremendously help readers improve their Chinese, especially the reading skills.

If you have any questions, suggestions, and feedbacks, feel free to let me know in the review or comments.

You can find more about China and Chinese culture on my blog and Amazon homepage.

I blog at: www.QuoraChinese.com

-Qing Qing 江清清

©2023 Qing Qing Jiang

All rights reserved.

# CHINESE LITERATURE

## SELF-LEARN READING

## MANDARIN CHINESE, VOCABULARY,

## EASY SENTENCES,

## HSK ALL LEVELS

## (PINYIN, SIMPLIFIED CHARACTERS)

# ACKNOWLEDGMENTS

I am a blogger. It has been a long and interesting journey since I started blogging quite a few years ago.

The blogging passion enabled me to write useful contents. In particular, I have been writing about China, and its culture.

My passion in writing was supported by my friends, colleagues, and most importantly, the almighty.

I thank everyone for constantly inspiring me in my life endeavours.

# CONTENTS

PREFACE .................................................................................................. 2
**ACKNOWLEDGMENTS** ...................................................................... 4
**CONTENTS** .......................................................................................... 5
**INTRODUCTION TO ROMANCE OF THE THREE KINGDOMS (三国演义的简介)** ........................................................................................ 7
**OATH OF THE PEACH GARDEN (桃园三结义)** ................................ 10
**REPEATEDLY (三顾茅庐)** ................................................................. 17
**BORROWING ENEMY'S ARROWS (草船借箭)** ................................ 22
**BLUFFING THE ENEMY (空城计)** ..................................................... 27
**FEED ON FANCIES (望梅止渴)** ......................................................... 32
**AN IGNORANT PERSON (吴下阿蒙)** ................................................ 37

# 前言

　　《三国演义》，中国古代四大名著之一，是小说家罗贯中所著。这本书描写的是三国时期将近一百年的纷争。这个时代充满着社会动荡和军事战争，也孕育了传奇故事与英雄人物。三国时期也是在历史上真是存在的，但是书中的故事和真实历史不完全相同，可以说是三分假，七分真，所以我们在阅读《三国演义》的时候，可以抱着学历史的心态去看，但是也不用特别较真，点到即止。下面我们来了解《三国演义》当中几个经典的故事，一起来领略三国英雄的文韬武略吧。

　　"Sānguó yǎnyì", zhōngguó gǔdài sì dà míngzhù zhī yī, shì xiǎoshuō jiā luōguànzhōng suǒzhe. Zhè běn shū miáoxiě de shì sānguó shíqí jiāngjìn yībǎi nián de fēnzhēng. Zhège shídài chōngmǎnzhe shèhuì dòngdàng hé jūnshì zhànzhēng, yě yùnyùle chuánqí gùshì yǔ yīngxióng rénwù. Sānguó shíqí yěshì zài lìshǐ shàng zhēnshi cúnzài de, dànshì shū zhōng de gùshì hé zhēnshí lìshǐ bù wánquán xiāngtóng, kěyǐ shuō shì sān fēn jiǎ, qī fēn zhēn, suǒyǐ wǒmen zài yuèdú "sānguó yǎnyì" de shíhòu, kěyǐ bàozhe xué lìshǐ de xīntài qù kàn, dànshì yě bùyòng tèbié jiàozhēn, diǎn dào jí zhǐ. Xiàmiàn wǒmen lái liǎojiě "sānguó yǎnyì" dāngzhōng jǐ gè jīngdiǎn de gùshì, yī qǐlái lǐnglüè sānguó yīngxióng de wén tāo wǔ lüè ba.

## INTRODUCTION TO ROMANCE OF THE THREE KINGDOMS (三国演义的简介)

Romance of the Three Kingdoms《三国演义》is a literary masterpiece written by the novelist Luo Guanzhong (罗贯中, ~1330-1400) in the late Yuan and early Ming Dynasty (元末明初). The full name of the novel is "三国志通俗演义", meaning "Popular Romance of The Three Kingdoms". Chen Shou's (陈寿, 233-297) Three Kingdoms《三国志》, and Pei Songzhi's (裴松之, 372-451) Notes on the Records of the Three Kingdoms《裴注三国志》inspired the novel Romance of the Three Kingdoms.

The novel contains about 640,000 characters divided into 120 chapters.

The chapter-style historical romance novel, together with Journey to the West《西游记》, Water Margin《水浒传》, and A Dream of Red Mansions《红楼梦》, is known as the Four Great Classical Novels of China (四大名著).

After the novel first was completed, its several versions kept circulating for centuries. In the late Ming Dynasty and early Qing Dynasty (明末清初), Mao Zonggang (毛宗岗, 1632-1709) reviewed the existing editions and revised them. This version became the most widely circulated version of the novel.

The Three Kingdoms (三国, 220-280) period in Chinese history is the period of political confrontation between the 3 states in ancient China. These three states were: Wei (魏, 220-266), Shu (蜀, 221-263), and Wu (东吴, 229-280).

In 263, Sima Zhao (司马昭, 211-265) of Wei annexed Shu. Since then, Shu state ceased to exist, and Wei became more powerful. In 266, the name of Wei was changed to Jin (晋/西晋). [[If you feel lost with these names, events, dates, etc., please see the book "Three Kingdoms" in the *Chinese History* series (on my homepage).]]

The novel Romance of the Three Kingdoms broadly describes the events from the start of the Three Kingdoms period until the end of the Three Kingdoms period. Although the Three Kingdoms period officially started in 220 AD, the roots of the period were laid out during the Yellow Turban Uprising (黄巾起义) in the year 184 AD. The Three Kingdoms period came to end when Shu and Wu became part of Jin, an event known as the Return of the Three Kingdoms to Jin (三国归晋). The return of the Three Kingdoms to Jin means that the three states of Wei, Shu, and Wu were unified by the Jin Dynasty.

The novel, Romance of the Three Kingdoms, can be broadly divided into five major parts: the Yellow Turban Uprising (黄巾起义), the Rebellion of Dong Zhuo (董卓之乱), the battle of the feudal lords vying for hegemony (群雄逐鹿), the confrontation among the Three Kingdoms (三国鼎立) of Wei (魏), Shu (蜀), and Wu (吴), and the Return of the Three Kingdoms to Jin (三国归晋).

The novel depicts the historical situation of nearly a few hundred years from the end of the Eastern Han Dynasty (东汉, 25 AD-220 AD) to the beginning of the Western Jin Dynasty (西晋, 265 AD-317 AD). It mainly describes the politics and wars. The novel tells the story of the war of separatist regimes in the end of the Eastern Han Dynasty, and the political and military struggle between the Three Kingdoms of Wei, Shu and Wu. Finally, Sima Yan (司马炎, 236-290) unified the Three Kingdoms and established the Jin Dynasty (晋朝). The novel reflects the transformation of various social issues and struggles during the Three Kingdoms era. It meticulously summarizes the great changes in the Chinese history of this period, as well as the group of powerful heroes of the Three Kingdoms.

Romance of the Three Kingdoms is a masterpiece of Chinese historical novels. In fact, during the Ming and Qing Dynasties, the novel was also known as the "First Work of Genius" (第一才子书).

## OATH OF THE PEACH GARDEN (桃园三结义)

| 1 | 时势造英雄 | Shíshì zào yīngxióng | A hero is nothing but a product of his time; the times produce their heroes |
|---|---|---|---|
| 2 | 情怀 | Qínghuái | Feelings |
| 3 | 东汉 | Dōnghàn | The Eastern Han Dynasty |
| 4 | 末年 | Mònián | Last years of a dynasty or reign |
| 5 | 动乱 | Dòngluàn | Turmoil; disturbance; upheaval; unrest |
| 6 | 连绵不绝 | Liánmián bù jué | In an unbroken line; in succession; without break; continuous succession |
| 7 | 朝廷 | Cháotíng | Royal or imperial court |
| 8 | 榜文 | Bǎng wén | The writing in a public notice; notice; proclamation; statement |
| 9 | 招兵买马 | Zhāobīng mǎimǎ | Raise or enlarge an army; recruit followers; hire men and buy horses; recruit men and buy up horses |
| 10 | 侵略者 | Qīnlüè zhě | Aggressor; invader |
| 11 | 此时 | Cǐ shí | This moment; right now; now; at present |
| 12 | 小人物 | Xiǎorén wù | An unimportant person; a nobody; cipher; nonentity |
| 13 | 长叹一声 | Chángtàn yīshēng | Heave a deep sigh; give a long gasp; let out a long heavy sigh |
| 14 | 叹息 | Tànxí | Heave a sigh; sigh |
| 15 | 黎明 | Límíng | Dawn; daybreak |
| 16 | 百姓 | Bǎixìng | Common people; people |
| 17 | 动荡 | Dòngdàng | Turbulence; upheaval; unrest; being shaky and unstable |

| 18 | 受苦 | Shòukǔ | Suffer; have a rough time |
|---|---|---|---|
| 19 | 想想 | Xiǎng xiǎng | Think; take under consideration; cogitate |
| 20 | 难受 | Nánshòu | Feel unwell; feel ill; suffer pain |
| 21 | 不料 | Bùliào | Unexpectedly; to one's surprise; beyond one's expectation |
| 22 | 男子汉 | Nánzǐhàn | Man |
| 23 | 大丈夫 | Dàzhàngfū | True man; real man; man |
| 24 | 张飞 | Zhāng fēi | Zhang Fei (Chang Fei, ? -221), general of the Kingdom of Shu, one of the Three Kingdoms, known for his rash bravery |
| 25 | 心有余而力不足 | Xīn yǒuyú ér lì bùzú | The spirit is willing, but the flesh is weak; willing but unable |
| 26 | 叹气 | Tànqì | Sigh; heave a sigh |
| 27 | 出钱 | Chū qián | Payout |
| 28 | 出力 | Chūlì | Put forth one's strength; exert oneself; exert one's efforts; make great efforts |
| 29 | 志同道合 | Zhìtóng dàohé | Cherish the same ideals and follow the same path; be in the same camp; have a common goal; have similar ideals and beliefs |
| 30 | 闯进 | Chuǎng jìn | Burst in |
| 31 | 威风凛凛 | Wēifēng lǐnlǐn | Majestic-looking; awe-inspiring; awful air; in a great state |
| 32 | 汉子 | Hànzi | Man; fellow |
| 33 | 关羽 | Guānyǔ | Guan Yua, a general allied with Liu Bei |
| 34 | 乐善好施 | Lèshàn hàoshī | Be happy in doing good; always glad to give to charities; be always ready to help in a worthy cause; be prodigal |

|    |      |             | of benefactions |
|----|------|-------------|-----------------|
| 35 | 仗义 | Zhàngyì | Act from a sense of justice; uphold justice; loyal (to one's friends); generous and ready to offer help |
| 36 | 仇家 | Chóujiā | Foe; enemy |
| 37 | 追杀 | Zhuī shā | Chase to kill |
| 38 | 漂泊 | Piāobó | Lead a wandering life; rove; wander; drift |
| 39 | 四海为家 | Sìhǎi wéi jiā | Feel at home wherever one goes |
| 40 | 一阵 | Yīzhèn | A burst; a fit; a puff; a peal |
| 41 | 话题 | Huàtí | Subject of a talk; topic of conversation |
| 42 | 志向 | Zhìxiàng | Aspiration; ideal; ambition |
| 43 | 乱世 | Luànshì | Troubled times; turbulent days |
| 44 | 当中 | Dāng zhōng | In the middle |
| 45 | 缘分 | Yuánfèn | Lot or luck by which people are brought together |
| 46 | 相遇 | Xiāngyù | Approach; encounter; rendezvous; meet |
| 47 | 就此 | Jiùcǐ | At this point; here and now; thus |
| 48 | 情谊 | Qíngyì | Friendship; friendly feelings; friendly sentiments |
| 49 | 第二天 | Dì èr tiān | The next day; Day Two; The Second Day |
| 50 | 恰巧 | Qiàqiǎo | By chance; fortunately; as chance would have it; happen to |
| 51 | 桃花 | Táohuā | Peach blossom |
| 52 | 烂漫 | Lànmàn | Bright colored; brilliant |
| 53 | 结拜 | Jiébài | Become sworn brothers or sisters |

| 54 | 点燃 | Diǎnrán | Light; ignite; enkindle; kindle |
| 55 | 香火 | Xiānghuǒ | Joss sticks and candles burning at a temple |
| 56 | 天地 | Tiāndì | Heaven and earth; universe; world |
| 57 | 大哥 | Dàgē | Eldest brother |
| 58 | 有名 | Yǒumíng | Well-known; famous; celebrated |
| 59 | 出自 | Chūzì | Come from; originate from |
| 60 | 看出 | Kàn chū | Make out; perceive; find out; be aware of |
| 61 | 深厚 | Shēnhòu | Deep; profound |
| 62 | 感情 | Gǎnqíng | Emotion; feeling; sentiment; affection |
| 63 | 今后 | Jīnhòu | From now on; in the days to come; henceforth; hereafter |
| 64 | 日子 | Rìzi | Day; date |
| 65 | 扶持 | Fúchí | Support with the hand; place a hand on somebody for support; help to sustain; give aid to |
| 66 | 惊天动地 | Jīngtiān dòngdì | Shaking heaven and earth; frighten heaven and move the earth |
| 67 | 事业 | Shìyè | Cause; undertaking; enterprise; facilities |

## Chinese (中文)

正所谓是"时势造英雄",在危机的时刻,才更能激发人的爱国情怀与团结意识。东汉末年时期,由于政治十分动乱,战争连绵不绝,朝廷下发了榜文,打算招兵买马,抵抗侵略者的入侵。

刘备此时还是个小人物，看到了榜文后，不经长叹一声，这一叹息为国家也为黎明百姓，国家动荡，百姓受苦，想想刘备就觉得难受。

不料身后传来了声音："男子汉大丈夫，叹什么气？"，而这个声音的主人就是张飞。刘备回答道："我是心有余而力不足啊，我想为国家做些奉献，却又深感自己能力不够，无奈之下才叹气。"张飞说："我手里还有些钱财，不如由我来出钱，你来出力，我们一起创建大业。"刘备听了后，高兴极了。觉得张飞和他是志同道合的人，于是他们来到一个小店里面，边吃边聊。

突然，从门外闯进一个威风凛凛的汉子，仔细打听才知道，这汉子名叫关羽，因乐善好施，仗义除恶而经常被仇家追杀，四处躲藏，因此有家也不能回，经常是四处漂泊，四海为家。

几人聊过一阵后，发现他们三人有很多共同话题，共同志向，十分聊的来。在这乱世当中，能找到志同道合的人是有多么难啊，他们都觉得是缘分让他们相遇于此，就此建立了革般的情谊。

第二天，三人走到桃园，恰巧这时的桃花开的非常烂漫，三人趁此机会，打算结拜为兄弟。三个人点燃了香火，拜过天地后，就算是三兄弟了。按照年龄排名，刘备是大哥，关羽是二哥，张飞则是三弟。

有一句很有名的话"不求同年同月同日生，但求同年同月同日死。"便是出自于这里。从中我们可以看出他们之间深厚的感情。这三个人在今后的日子里相互扶持，干出了一场惊天动地的事业。

## Pinyin (拼音)

Zhèng suǒwèi shì "shíshì zào yīngxióng", zài wéijī de shíkè, cái gèng néng jīfā rén de àiguó qínghuái yǔ tuánjié yìshí. Dōnghàn mònián shíqī, yóuyú zhèngzhì shífēn dòngluàn, zhànzhēng liánmián bù jué, cháotíng xià fāle bǎng wén, dǎsuàn zhāobīngmǎimǎ, dǐkàng qīnlüè zhě de rùqīn.

Liúbèi cǐ shí háishì gè xiǎorénwù, kàn dàole bǎng wén hòu, bù jīngchángtàn yīshēng, zhè yī tànxí wèi guójiā yě wèi límíng bǎixìng, guójiā dòngdàng, bǎixìng shòukǔ, xiǎng xiǎng liúbèi jiù juédé nánshòu.

Bùliào shēnhòu chuán láile shēngyīn:"Nánzǐhàn dàzhàngfū, tàn shénme qì?", Ér zhège shēngyīn de zhǔrén jiùshì zhāng fēi. Liúbèi huídá dào:"Wǒ shì xīn yǒuyú ér lì bùzú a, wǒ xiǎng wèi guójiā zuò xiē fèngxiàn, què yòu shēn gǎn zìjǐ nénglì bùgòu, wúnài zhī xià cái tànqì." Zhāng fēi shuō:"Wǒ shǒu lǐ hái yǒuxiē qiáncái, bùrú yóu wǒ lái chū qián, nǐ lái chūlì, wǒmen yīqǐ chuàngjiàn dàyè." Liúbèi tīngle hòu, gāoxìng jíle. Juédé zhāng fēi hé tā shì zhìtóngdàohé de rén, yúshì tāmen lái dào yīgè xiǎo diàn lǐmiàn, biān chī biān liáo.

Túrán, cóng mén wài chuǎng jìn yīgè wēifēng lǐnlǐn de hànzi, zǐxì dǎtīng cái zhīdào, zhè hànzi míng jiào guānyǔ, yīn lèshànhàoshī, zhàngyì chú è ér jīngcháng bèi chóujiā zhuī shā, sìchù duǒcáng, yīncǐ yǒu jiā yě bùnéng huí, jīng cháng shì sìchù piāobó, sìhǎi wéi jiā.

Jǐ rén liáoguò yīzhèn hòu, fāxiàn tāmen sān rén yǒu hěnduō gòngtóng huàtí, gòngtóng zhìxiàng, shífēn liáo de lái. Zài zhè luànshì dāngzhōng, néng zhǎodào zhìtóngdàohé de rén shì yǒu duōme nán a, tāmen dōu juédé shì yuánfèn ràng tāmen xiāngyù yú cǐ, jiùcǐ jiànlìle gé bān de qíngyì.

Dì èr tiān, sān rén zǒu dào táoyuán, qiàqiǎo zhè shí de táohuā kāi de fēicháng lànmàn, sān rén chèn cǐ jīhuì, dǎsuàn jiébài wèi xiōngdì. Sān gèrén diǎnránle xiānghuǒ, bàiguò tiāndì hòu, jiùsuàn shì sān xiōngdìle. Ànzhào niánlíng páimíng, liúbèi shì dàgē, guānyǔ shì èr gē, zhāng fēi zé shì sān dì.

Yǒu yījù hěn yǒumíng dehuà "bù qiú tóngnián tóngyuè tóngrì shēng, dàn qiú tóngnián tóngyuè tóngrì sǐ." Biàn shì chūzì yú zhèlǐ. Cóngzhōng wǒmen kěyǐ kàn chū tāmen zhī jiān shēnhòu de gǎnqíng. Zhè sān gèrén zài jīnhòu de rìzi lǐ xiānghù fúchí, gàn chūle yī chǎng jīngtiāndòngdì de shìyè.

# REPEATEDLY (三顾茅庐)

| | | | |
|---|---|---|---|
| 1 | 有一次 | Yǒu yīcì | Once; on one occasion |
| 2 | 败仗 | Bàizhàng | Lost battle; defeat |
| 3 | 曹操 | Cáocāo | One of the most celebrated figures in the Three Kingdoms period |
| 4 | 不甘 | Bùgān | Unreconciled to; not resigned to; will not take it lying down; unwilling |
| 5 | 奇才 | Qícái | Prodigy; unusual talent; an extraordinary talent |
| 6 | 文韬武略 | Wén tāo wǔ lüè | Civil and military skills; military strategy |
| 7 | 无所不知 | Wú suǒ bùzhī | Know everything; know every subject; omniscient; There is nothing which one does not know |
| 8 | 打胜仗 | Dǎ sheng zhàng | Be victorious; win a war |
| 9 | 打天下 | Dǎ tiānxià | Struggle to seize state power; seize state power by armed forces |
| 10 | 隐居 | Yǐnjū | Live in seclusion |
| 11 | 求胜心切 | Qiú shèng xīnqiè | Be anxious to gain victory |
| 12 | 诸葛亮 | Zhūgé liàng | Zhuge Liang, a man who became a symbol of resourcefulness and wisdom in Chinese folklore) |
| 13 | 不巧 | Bù qiǎo | Unfortunately; as luck would have it |
| 14 | 游玩 | Yóuwán | Amuse oneself; play; go sightseeing; stroll about |
| 15 | 门童 | Mén tóng | Doorman; bell boy; The Doorman |
| 16 | 不知道 | Bù zhīdào | I don't know |
| 17 | 什么时候 | Shénme | When; whenever |

| | | shíhòu | |
|---|---|---|---|
| 18 | 打道回府 | Dǎdào huí fǔ | Direct one's step toward home |
| 19 | 一段时间 | Yīduàn shíjiān | A period of time; effluxion of time |
| 20 | 拜访 | Bàifǎng | Pay a visit; call to pay respects; call on; be on a visit |
| 21 | 寒风 | Hán fēng | Cold wind |
| 22 | 大雪 | Dàxuě | Great snow |
| 23 | 再一次 | Zài yīcì | Once again; resume |
| 24 | 家门 | Jiāmén | Door of a house; family clan; the family of a high-ranking official |
| 25 | 开玩笑 | Kāiwán xiào | Crack a joke; joke; make fun of; play a trick |
| 26 | 好不 | Hǎobù | How; what |
| 27 | 竹篮打水一场空 | Zhú lán dǎ shuǐ yīchǎng kōng | Draw water with a bamboo basket; all in vain |
| 28 | 不愿意 | Bù yuànyì | Reluctant; not willing; unwilling; unwillingness; No |
| 29 | 第三次 | Dì sān cì | Third time |
| 30 | 有心人 | Yǒu xīn rén | An observant and conscientious person; a person who sets his mind on doing something useful |
| 31 | 这一次 | Zhè yīcì | This time; on this occasion; for once |
| 32 | 正好 | Zhènghǎo | Just in time; just right; just enough |
| 33 | 忍心 | Rěnxīn | Have the heart to; be hardhearted enough to; pitiless; hardhearted |
| 34 | 等到 | Děngdào | By the time; when |
| 35 | 诚心 | Chéngxīn | Sincere desire; wholeheartedness |
| 36 | 感动 | Gǎndòng | Move; touch |

| 37 | 进门 | Jìnmén | Come in through the door; pass the gate; learn the abcs of something |
| 38 | 天下 | Tiānxià | China or the world; land under heaven |
| 39 | 自己的 | Zìjǐ de | Self |
| 40 | 言语 | Yányǔ | Speak; talk; answer; spoken language; speech; verbal; lalia |
| 41 | 当中 | Dāngzhōng | In the middle; in the centre |
| 42 | 看出 | Kàn chū | Make out; perceive; find out; be aware of |
| 43 | 才华 | Cáihuá | Literary or artistic talent; rich talent; talent; gifts |
| 44 | 于是 | Yúshì | Thereupon; hence; consequently; as a result |
| 45 | 诚心诚意 | Chéngxīn chéngyì | Make something a matter of conscience; earnestly and sincerely; from the bottom of one's heart |
| 46 | 邀请 | Yāoqǐng | Invite |
| 47 | 出山 | Chūshān | Leave retirement and take a government post; become an official |
| 48 | 答应 | Dāyìng | Answer; reply; respond |
| 49 | 但是 | Dànshì | But; however; yet; still |
| 50 | 一生 | Yīshēng | A lifetime; all one's life; throughout one's life |
| 51 | 注定 | Zhùdìng | Be doomed; be destined; be bound to |
| 52 | 不平凡 | Bù píngfán | Out of the common |
| 53 | | Yǒu yīcì | |
| 54 | | Bàizhàng | |

## Chinese (中文)

有一次，刘备打了一场败仗，输给了曹操，内心十分不甘。听人说卧龙岗有一个奇才，这个人文韬武略，无所不知，如果能得到他的帮助，不仅能够打胜仗，还能打天下，但是此人一直隐居于卧龙岗。

于是求胜心切的刘备带着他的两个兄弟关羽和张飞前去寻找诸葛亮。但是不巧的是，诸葛亮正好出去游玩去了，只留下一个门童。问他的门童，门童也不知道什么时候诸葛亮能回来。尽管非常无奈，刘备也只好打道回府了。

过了一段时间后，刘备继续拜访诸葛亮。这个时候正好是冬季，刘备冒着凌冽的寒风和厚厚的大雪终于再一次来到了诸葛亮的家门前。但仿佛命运在和他开玩笑，他好不容易来到诸葛亮家，得知诸葛亮被哥哥邀请去了，因此又是竹篮打水一场空。

但刘备不愿意放弃，又过了一段时间，刘备第三次来拜访诸葛亮。皇天不负有心人，这一次诸葛亮终于在家了。但是当时正好在睡觉，刘备不忍心把诸葛亮吵醒，于是站在门外等，等到诸葛亮醒来。

诸葛亮也被他的诚心感动了，于是邀请刘备进门，两人坐下来对如今天下的形势分析了一番，并提出自己的意见和建议。从诸葛亮的言语当中，刘备可以看出他确实是一个很有想法，很有才华的人。

于是刘备诚心诚意邀请诸葛亮出山，诸葛亮也答应了。那一年，诸葛亮才 27 岁，但是这个人的一生，注定不平凡。

## Pinyin (拼音)

Yǒu yīcì, liúbèi dǎle yī chǎng bàizhàng, shū gěile cáocāo, nèixīn shífēn bùgān. Tīng rén shuō wòlóng gǎng yǒu yīgè qícái, zhège rénwén tāo wǔ lüè, wú suǒ bùzhī, rúguǒ néng dédào tā de bāngzhù, bùjǐn nénggòu dǎ shèngzhàng, hái néng dǎ tiānxià, dànshì cǐ rén yīzhí yǐnjū yú wòlóng gǎng.

Yúshì qiú shèng xīnqiè de liúbèi dàizhe tā de liǎng gè xiōngdì guānyǔ hé zhāngfēiqián qù xúnzhǎo zhūgéliàng. Dànshì bù qiǎo de shì, zhūgéliàng zhèng hào chūqù yóuwán qùle, zhǐ liú xià yīgè mén tóng. Wèn tā de mén tóng, mén tóng yě bù zhīdào shénme shíhòu zhūgéliàng néng huílái. Jǐnguǎn fēicháng wúnài, liúbèi yě zhǐhǎo dǎdào huí fǔle.

Guò le yīduàn shíjiān hòu, liúbèi jìxù bàifǎng zhūgéliàng. Zhège shíhòu zhènghǎo shì dōngjì, liúbèi màozhe líng liè de hán fēng hé hòu hòu de dàxuě zhōngyú zài yīcì lái dàole zhūgéliàng de jiā mén qián. Dàn fǎngfú mìngyùn zài hé tā kāiwánxiào, tā hǎobù róngyì lái dào zhūgéliàng jiā, dé zhī zhūgéliàng bèi gēgē yāoqǐng qùle, yīncǐ yòu shì zhú lán dǎ shuǐ yīchǎngkōng.

Dàn liúbèi bù yuànyì fàngqì, yò.Guòle yīduàn shíjiān, liúbèi dì sān cì lái bàifǎng zhūgéliàng. Huángtiān bù fù yǒuxīnrén, zhè yīcì zhūgéliàng zhōngyú zàijiāle. Dànshì dāngshí zhènghǎo zài shuìjiào, liúbèi bù rěnxīn bǎ zhūgéliàng chǎo xǐng, yúshì zhàn zài mén wài děng, děngdào zhūgéliàng xǐng lái.

Zhūgéliàng yě bèi tā de chéngxīn gǎndòngle, yúshì yāoqǐng liúbèi jìnmén, liǎng rén zuò xiàlái duì rújīn tiānxià de xíngshì fēnxīle yī fān, bìng tíchū zìjǐ de yìjiàn hé jiànyì. Cóng zhūgéliàng de yányǔ dāngzhōng, liúbèi kěyǐ kàn chū tā quèshí shì yīgè hěn yǒu xiǎngfǎ, hěn yǒu cáihuá de rén.

Yúshì liúbèi chéngxīn chéngyì yāoqǐng zhūgéliàng chūshān, zhūgéliàng yě dāyìngle. Nà yī nián, zhūgéliàng cái 27 suì, dànshì zhège rén de yīshēng, zhùdìng bù píngfán.

# BORROWING ENEMY'S ARROWS (草船借箭)

| | | | |
|---|---|---|---|
| 1 | 故事 | Gùshì | Story; tale; plot |
| 2 | 介绍 | Jièshào | Introduce; present; recommend; suggest |
| 3 | 出山 | Chūshān | Leave retirement and take a government post; become an official |
| 4 | 足智多谋 | Zúzhì duōmóu | Be able and crafty; a resourceful man with a fund of it; be able enough and clever |
| 5 | 可不是 | Kě bùshì | To be sure it is; certainly is; You don't say! |
| 6 | 浪得虚名 | Làng dé xūmíng | Have unearned reputation |
| 7 | 前夕 | Qiánxī | Eve |
| 8 | 周瑜 | Zhōuyú | Zhou Yu, a leading adherent of the Wu-kingdom faction |
| 9 | 十万 | Shí wàn | One hundred thousand |
| 10 | 即将 | Jíjiāng | Be about to; be on the point of; soon; in no time |
| 11 | 做好准备 | Zuò hǎo zhǔnbèi | Keep somebody's powder dry |
| 12 | 军令 | Jūnlìng | Military orders |
| 13 | 意味着 | Yìwèizhe | Signify; mean; imply; purport |
| 14 | 残酷 | Cánkù | Cruel; brutal; inhuman; ruthless |
| 15 | 惩罚 | Chéngfá | Punish; penalize; punishment |
| 16 | 普通人 | Pǔtōng rén | The average person; ordinary people |
| 17 | 很困难 | Hěn kùnnán | Very difficult; quite difficult; Too Difficult |

| 18 | 别说 | Bié shuō | Let alone |
|---|---|---|---|
| 19 | 天方夜谭 | Tiānfāng yè tán | Arabian nights |
| 20 | 是不是 | Shì bùshì | Isn't it?; whether... or not |
| 21 | 糊涂 | Hútú | Muddled; confused; bewildered |
| 22 | 不能理解 | Bùnéng lǐjiě | I don't understand; incomprehensible; be a mystery to |
| 23 | 流言蜚语 | Liúyán fēiyǔ | Tattle and prate; a word of rumor |
| 24 | 立刻 | Lìkè | Immediately; at once; right away |
| 25 | 开工 | Kāigōng | Go into operation; start operation; |
| 26 | 稻草人 | Dào cǎorén | Scarecrow |
| 27 | 没有什么 | Méiyǒu shé me | Nothing the matter; nothing wrong |
| 28 | 动静 | Dòngjìng | The sound of something astir |
| 29 | 反而 | Fǎn'ér | On the contrary; instead; but |
| 30 | 悠哉悠哉 | Yōuzāi yōuzāi | Free from restraint |
| 31 | 夜里 | Yèlǐ | At night; nighttime |
| 32 | 行动起来 | Xíngdòng qǐlái | Go into action |
| 33 | 大雾 | Dà wù | Dense fog |
| 34 | 辨别 | Biànbié | Differentiate; distinguish; discriminate |
| 35 | 前方 | Qiánfāng | The place ahead; the front |
| 36 | 早已 | Zǎoyǐ | Long ago; for a long time |
| 37 | 只见 | Zhǐ jiàn | Only see; be surprised to see |
| 38 | 摆开 | Bǎi kāi | Layout; laid out; put |
| 39 | 置于 | Zhì yú | Place in; put in |

| 40 | 敌军 | Díjūn | Enemy troops; the enemy; hostile forces |
| 41 | 紧接着 | Jǐn jiēzhe | Immediately/right after |
| 42 | 呐喊 | Nàhǎn | Shout loudly; cry out; yell; loud shouts in support |
| 43 | 伪造 | Wèizào | Counterfeit; forge; falsify; fabricate |
| 44 | 进攻 | Jìngōng | Attack; assault; offensive |
| 45 | 场面 | Chǎngmiàn | Scene; spectacle; occasion; appearance |
| 46 | 看不清 | Kàn bù qīng | Can't see clearly |
| 47 | 对面 | Duìmiàn | Opposite; across the way |
| 48 | 就这样 | Jiù zhèyàng | That's it; That's all; in this way |
| 49 | 不费一兵一卒 | Bù fèi yī bīng yī zú | Not needing a single soldier; without striking a blow |
| 50 | 得到 | Dédào | Get; obtain; gain; receive |
| 51 | 对方 | Duìfāng | The other side; the other party; the opposite side |

## Chinese (中文)

上个故事介绍了诸葛亮的出山，这个故事便来再讲一讲诸葛亮的故事，诸葛亮的足智多谋可不是浪得虚名的。

赤壁之战前夕，周瑜命令诸葛亮在十天内造出十万支箭，为即将来到的赤壁之战做好准备。可是诸葛亮说自己只需要三天，并且立下了军令状，这就意味着诸葛亮一旦失败，便面临着残酷的惩罚。

对于普通人来说，十天内造十万支箭已经是很困难的一件事了，更别说三天了，这简直就是天方夜谭。大家都觉得这诸葛亮是不是糊涂了，十分不能理解诸葛亮的做法。但是诸葛亮不管外界的流言蜚语，也没有立刻开工造箭，而是向人借了二十艘船，并且命令士兵在每个船上都绑满了稻草人。

前两天诸葛亮没有什么动静，反而悠哉悠哉的，跟个没事人一样。到了第三天夜里，诸葛亮才真正行动起来了，这才是他计划的开始。

这天夜里，江面起了大雾，难以辨别前方事物。这也是诸葛亮早已预测到的，诸葛亮要的就是这个效果，只见他命令二十艘船排一字摆开，置于敌军的前方。紧接着，诸葛亮命令士兵摇鼓呐喊，伪造出一种士兵进攻的场面。

由于江面起了大雾，敌军看不清对面的形势，于是直接命人放箭，但是这些箭没有射到士兵的身上，而是射到了稻草人的身上。就这样，诸葛亮轻轻松松不费一兵一卒就得到了对方的十万支箭。

## Pinyin (拼音)

Shàng gè gùshì jièshàole zhūgéliàng de chūshān, zhège gùshì biàn lái zài jiǎng yī jiǎng zhūgéliàng de gùshì, zhūgéliàng de zúzhìduōmóu kě bùshì làng dé xūmíng de.

Chìbì zhī zhàn qiánxī, zhōuyú mìnglìng zhūgéliàng zài shí tiānnèi zào chū shí wàn zhī jiàn, wèi jíjiāng lái dào de chìbì zhī zhàn zuò hǎo zhǔnbèi. Kěshì zhūgéliàng shuō zìjǐ zhǐ xūyào sān tiān, bìngqiě lì xiàle jūnlìngzhuàng, zhè jiù yìwèizhe zhūgéliàng yīdàn shībài, biàn miànlínzhe cánkù de chéngfá.

Duìyú pǔtōng rén lái shuō, shí tiānnèi zào shí wàn zhī jiàn yǐjīng shì hěn kùnnán de yī jiàn shìle, gèng bié shuō sān tiānle, zhè jiǎnzhí jiùshì tiānfāng yè tán. Dàjiā dōu juédé zhè zhūgéliàng shì bùshì hútúle, shífēn bùnéng lǐjiě zhūgéliàng de zuòfǎ. Dànshì zhūgéliàng bùguǎn wàijiè de liúyán fēiyǔ, yě méiyǒu lìkè kāigōng zào jiàn, ér shì xiàng rén jièle èrshí sōu chuán, bìngqiě mìnglìng shìbīng zài měi gè chuánshàng dū bǎng mǎnle dàocǎorén.

Qián liǎng tiān zhūgéliàng méiyǒu shé me dòngjìng, fǎn'ér yōuzāi yōuzāi de, gēn gè méishìrén yīyàng. Dàole dì sān tiān yèlǐ, zhūgéliàng cái zhēnzhèng xíngdòng qǐláile, zhè cái shì tā jìhuà de kāishǐ.

Zhè tiān yèlǐ, jiāngmiàn qǐle dà wù, nányǐ biànbié qiánfāng shìwù. Zhè yěshì zhūgéliàng zǎoyǐ yùcè dào de, zhūgéliàng yào de jiùshì zhège xiàoguǒ, zhǐ jiàn tā mìnglìng èrshí sōu chuán pái yī zì bǎi kāi, zhì yú dí jūn de qiánfāng. Jǐn jiēzhe, zhūgéliàng mìnglìng shìbīng yáo gǔ nàhǎn, wèizào chū yī zhǒng shìbīng jìngōng de chǎngmiàn.

Yóuyú jiāngmiàn qǐle dà wù, dí jūn kàn bù qīng duìmiàn de xíngshì, yúshì zhíjiē mìng rén fàng jiàn, dànshì zhèxiē jiàn méiyǒu shè dào shìbīng de shēnshang, ér shì shè dàole dàocǎorén de shēnshang. Jiù zhèyàng, zhūgéliàng qīng qīngsōng sōng bù fèi yī bīng yī zú jiù dédàole duìfāng de shí wàn zhī jiàn.

# BLUFFING THE ENEMY (空城计)

| 1 | 有一次 | Yǒu yīcì | Once; on one occasion |
|---|---|---|---|
| 2 | 驻守 | Zhùshǒu | Garrison; defend; station troops at a place for defense purpose |
| 3 | 好几个 | Hǎojǐ gè | Several; quite a few; various; divers |
| 4 | 陷落 | Xiànluò | Subside; sink in; cave in; fall into enemy's hands |
| 5 | 死伤 | Sǐshāng | Casualties; killed and wounded |
| 6 | 元气大伤 | Yuánqì dà shāng | One's constitution is greatly undermined; sap one's vitality |
| 7 | 人马 | Rénmǎ | Forces; troops |
| 8 | 前来 | Qián lái | Come |
| 9 | 攻打 | Gōngdǎ | Attack; assault; assail |
| 10 | 十万 | Shí wàn | One hundred thousand |
| 11 | 大军 | Dàjūn | Main forces; army |
| 12 | 悬殊 | Xuánshū | Great disparity; wide gap |
| 13 | 致命 | Zhìmìng | Causing death; fatal; mortal; deadly |
| 14 | 文官 | Wénguān | Civil official |
| 15 | 根本不 | Gēnběn bù | Not at all; anything but; not...in the slightest |
| 16 | 懂得 | Dǒngdé | Understand; know; grasp |
| 17 | 打仗 | Dǎzhàng | Fight; go to war; make war |
| 18 | 反手 | Fǎnshǒu | Backhand |
| 19 | 眼看 | Yǎnkàn | Soon; in a moment |
| 20 | 惊慌 | Jīnghuāng | Alarmed; scared; panic-stricken |
| 21 | 当机立断 | Dāngjī lìduàn | Make a prompt decision; decide on the moment; decide promptly and opportunely; decide in the nick of |

|    |          |                      | time |
|----|----------|----------------------|------|
| 22 | 城门     | Chéng mén            | Gate |
| 23 | 老百姓   | Lǎobǎi xìng          | Folk; common people; ordinary people; civilians |
| 24 | 大声说话 | Dàshēng shuōhuà      | Speak up; talk loudly; speak loudly |
| 25 | 违抗     | Wéikàng              | Disobey; defy |
| 26 | 杀无赦   | Shā wú shè           | Unforgiven |
| 27 | 伪装     | Wèizhuāng            | Pretend; feign; disguise; guise; mask; camouflage |
| 28 | 扫地     | Sǎodì                | Sweep the floor |
| 29 | 不慌不忙 | Bù huāng bù máng     | Unhurried; calm; cool-headed; leisurely |
| 30 | 情景     | Qíngjǐng             | Scene; sight; circumstances |
| 31 | 城楼     | Chénglóu             | A tower over a city gate; gate tower |
| 32 | 跟着     | Gēnzhe               | Follow; in the wake of |
| 33 | 旁若无人 | Pángruò wúrén        | Act as if there was no one else present; act as if no one was nearby |
| 34 | 谈起     | Tán qǐ               | Mention; speak of |
| 35 | 眼里     | Yǎn lǐ               | Within one's vision; in one's eyes |
| 36 | 哨兵     | Shàobīng             | Sentry; guard |
| 37 | 转告     | Zhuǎngào             | Pass on; communicate; transmit |
| 38 | 停下来   | Tíng xiàlái          | Stop; call to a halt; come to a halt; come to a stand |
| 39 | 孤身     | Gūshēn               | Alone; single; separated from one's family; unmarried |
| 40 | 正是如此 | Zhèng shì rúcǐ       | Just so; Exactly; So be it |
| 41 | 平日     | Píngrì               | Ordinary days |

| 42 | 埋伏 | Máifú | Ambush; lie in wait; lie in ambush; hide |
| 43 | 旁人 | Pángrén | Other people; others |
| 44 | 劝阻 | Quànzǔ | Dissuade somebody from; advise somebody not to; warn somebody against; talk somebody out of |
| 45 | 率领 | Shuàilǐng | Lead; head; command |
| 46 | 撤退 | Chètuì | Withdraw; retreat; pull out |
| 47 | 就这样 | Jiù zhèyàng | That's it; That's all; in this way |
| 48 | 又一次 | Yòu yīcì | Again; once more; once again |
| 49 | 化险为夷 | Huàxiǎn wéiyí | Change danger into safety |

# Chinese (中文)

有一次，诸葛亮驻守西城，但是由于用人的错误，导致好几个地方都陷落了，死伤无数，元气大伤。司马懿正带着大批人马前来攻打西城。

此时的西城只有两千来号人，而司马懿带着十万大军，数量悬殊十分大。更为致命的是，诸葛亮身边只有一批文官，根本不懂得打仗，毫无反手之力。

情况迫在眉睫，眼看着西城也即将陷落，其他官员都十分惊慌，只见诸葛亮当机立断，命令士兵大开城门，把城门的旗帜全都收起来，让老百姓全都在家待着，不许进出城，不许大声说话，违抗者杀无赦。城门口安排几个伪装成老百姓的士兵扫地，营造出一种不慌不忙的情景。

而诸葛亮，则拿着一把琴来到城楼上，身边一左一右跟着两个侍童，旁若无人的谈起了琴，仿佛根本不把司马懿放在眼里。司马懿的哨兵将这个消息转告给司马懿，司马懿立即命令军队停下来。司马懿觉得有诈，便孤身前往查看，发现正是如此。

诸葛亮平日里是一个十分谨慎的人，如今有此异常的举动，必定是设了埋伏。不管旁人如何劝阻，司马懿认定了有埋伏，便率领大军又撤退了。

就这样，诸葛亮又一次轻轻松松的化险为夷。

## Pinyin (拼音)

Yǒu yīcì, zhūgéliàng zhùshǒu xīchéng, dànshì yóuyú yòngrén de cuòwù, dǎozhì hǎojǐ gè dìfāng dōu xiànluòle, sǐshāng wúshù, yuánqì dà shāng. Sīmǎyì zhèng dàizhe dàpī rénmǎ qián lái gōngdǎ xīchéng.

Cǐ shí de xīchéng zhǐyǒu liǎng qiān lái hào rén, ér sīmǎyì dàizhe shí wàn dàjūn, shùliàng xuánshū shífēn dà. Gèng wèi zhìmìng de shì, zhūgéliàng shēnbiān zhǐyǒu yī pīwén guān, gēnběn bù dǒngdé dǎzhàng, háo wú fǎnshǒu zhī lì.

Qíngkuàng pòzàiméijié, yǎnkànzhe xīchéng yě jíjiāng xiànluò, qítā guānyuán dōu shífēn jīnghuāng, zhǐ jiàn zhūgéliàng dāngjīlìduàn, mìnglìng shìbīng dà kāi chéng mén, bǎ chéng mén de qízhì quándōu shōu qǐlái, ràng lǎobǎixìng quándōu zàijiā dàizhuó, bùxǔ jìnchū chéng, bùxǔ dàshēng shuōhuà, wéikàng zhě shā wú shè. Chéng ménkǒu ānpái jǐ gè wèizhuāng chéng lǎobǎixìng dí shìbīng sǎodì, yíngzào chū yī zhǒng bù huāng bù máng de qíngjǐng.

Ér zhūgéliàng, zé názhe yī bǎ qín lái dào chénglóu shàng, shēnbiān yī zuǒ yī yòu gēn zháo liǎng gè shì tóng, pángruòwúrén de tán qǐle qín, fǎngfú gēnběn bù bǎ sīmǎyì fàng zài yǎn lǐ. Sīmǎyì de shàobīng jiāng zhège xiāo xí zhuǎngào gěi sīmǎyì, sīmǎyì lìjí mìnglìng jūnduì tíng xiàlái. Sīmǎyì juédé yǒu zhà, biàn gūshēn qiánwǎng chákàn, fāxiàn zhèng shì rúcǐ.

Zhūgéliàng píngrì lǐ shì yīgè shífēn jǐnshèn de rén, rújīn yǒu cǐ yìcháng de jǔdòng, bìdìng shì shèle máifú. Bùguǎn pángrén rúhé quànzǔ, sīmǎyì rèndìngle yǒu máifú, biàn shuàilǐng dàjūn yòu chètuìle.

Jiù zhèyàng, zhūgéliàng yòu yīcì qīng qīngsōng sōng de huàxiǎnwéiyí.

# FEED ON FANCIES (望梅止渴)

|   |  |  |  |
|----|------|--------|---------|
| 1  | 有一次 | Yǒu yīcì | Once; on one occasion |
| 2  | 曹操 | Cáocāo | One of the most celebrated figures in the Three Kingdoms period |
| 3  | 带兵 | Dài bīng | Head troops |
| 4  | 盛夏 | Shèngxià | The height of summer; midsummer |
| 5  | 用完了 | Yòng wánliǎo | Run out of; used up; ran out |
| 6  | 一路上 | Yī lùshàng | All the way; throughout the journey |
| 7  | 荒郊 | Huāng jiāo | Desolate place outside a town; wilderness; wild countryside |
| 8  | 荒无人烟 | Huāngwú rényān | No human habitation; desolate and uninhabited |
| 9  | 别无他法 | Bié wú tā fǎ | Have nothing for it but |
| 10 | 俗话 | Súhuà | Common saying; popular saying; proverb; adage |
| 11 | 没有了 | Méiyǒule | No; Nothing; No more |
| 12 | 等于 | Děngyú | Equal to; equivalent to; equal; be worth |
| 13 | 士兵 | Shìbīng | Rank-and-file soldiers; privates |
| 14 | 喝水 | Hē shuǐ | Drink water; suffer setbacks (in life); suffer losses (in business) |
| 15 | 死去 | Sǐqù | Die; pass away |
| 16 | 强壮 | Qiáng zhuàng | Strong; sturdy |
| 17 | 抵抗 | Dǐkàng | Resist; stand up to; oppose; resistance |
| 18 | 不了 | Bùliǎo | Without end |
| 19 | 折磨 | Zhémó | Cause physical or mental suffering |
| 20 | 曹操 | Cáocāo | One of the most celebrated figures in the Three Kingdoms period |

| 21 | 着急 | Zhāojí | Worry; feel anxious |
|---|---|---|---|
| 22 | 快点 | Kuài diǎn | Hurry up; come on; come along |
| 23 | 水源 | Shuǐyuán | Headwaters; source of water |
| 24 | 燃眉之急 | Ránméi zhījí | As pressing as a fire singeing one's eyebrows |
| 25 | 放眼 | Fàngyǎn | Take a broad view; scan widely |
| 26 | 寸草不生 | Cùncǎo bùshēng | Not even a blade of grass grows; barren |
| 27 | 小动物 | Xiǎo dòngwù | Toy; kid |
| 28 | 看不见 | Kàn bùjiàn | Can't see; out of sight; be invisible |
| 29 | 别说 | Bié shuō | Let alone |
| 30 | 绝不 | Jué bù | Absolutely not; definitely not; not in the least; never |
| 31 | 就此 | Jiùcǐ | At this point; here and now; thus |
| 32 | 鼓舞士气 | Gǔwǔ shìqì | Enhance troop morale; encourage soldiers to keep up high morale |
| 33 | 灵机一动 | Língjī yīdòng | Suddenly have a brainwave; Suddenly get a great idea |
| 34 | 好消息 | Hǎo xiāoxī | Good news; good news; |
| 35 | 前方 | Qiánfāng | The place ahead; the front |
| 36 | 一大片 | Yī dàpiàn | A sheet |
| 37 | 梅林 | Méilín | Plum-tree forest/grove |
| 38 | 果子 | Guǒzi | Fruit |
| 39 | 脑海 | Nǎohǎi | Brain; mind |
| 40 | 浮现 | Fúxiàn | Appear before one's eyes; emerge; raise; drift |
| 41 | 梅子 | Méizi | Plum |
| 42 | 口水 | Kǒushuǐ | Slaver; saliva; slobber |
| 43 | 忍不住 | Rěn bù zhù | Unable to bear; unbearable; unable to restrain; pass the limits of endurance |

| 44 | 振奋 | Zhènfèn | Rouse oneself; brace oneself up |
|---|---|---|---|
| 45 | 前行 | Qián xíng | Move on; proceed |
| 46 | 就这样 | Jiù zhèyàng | That's it; That's all; in this way |
| 47 | 找到了 | Zhǎo dàole | Eureka; Found; find |
| 48 | 谋略 | Móulüè | Astuteness and resourcefulness; strategy |
| 49 | 难事 | Nánshì | Difficulty; a hard nut to crack |
| 50 | 只怕 | Zhǐ pà | Be afraid of only one thing |
| 51 | 有心人 | Yǒuxīn rén | An observant and conscientious person; a person who sets his mind on doing something useful; a person with high aspirations and determination |
| 52 | 望梅止渴 | Wàngméi zhǐkě | Quench one's thirst by thinking of plums; imagined satisfaction |
| 53 | 成语 | Chéngyǔ | Set phrase; idiom; idioms and allusions |
| 54 | 比喻 | Bǐyù | Metaphor or simile; analogy; figure of speech; allegory |
| 55 | 空想 | Kōng xiǎng | Fancy; idle dream; daydream; fantasy |

## Chinese (中文)

据说有一次，曹操带兵在行军路途中，此时正值盛夏，天气炎热干燥，带的水源也早就用完了，士兵们已经疲惫不堪了，而且这一路上都是荒郊野岭，荒无人烟，附近根本就没有居民居住，想去讨点水喝都没有办法，除了忍受别无他法。

俗话说得好，水是生命之源，没有了水，就等于失去了生命的支撑。士兵们也是人，也要喝水。由于长期喝不到水，士兵们一个接着一个的死去，哪怕是身体强壮的，也抵抗不了这种折磨。

曹操见状，内心十分着急，想快点找个地方获取一些水源以解燃眉之急。可是放眼望去，周围都是干旱的土地，寸草不生，连个小动物都看不见，更别说有人居住了，这该去哪里寻找水源呢。

曹操心想绝不能就此放弃，得想个办法来鼓舞士气。突然曹操灵机一动，对士兵说道："好消息好消息，前方有一大片梅林，只要我们再坚持一下，走到前面的梅林，就能吃到果子了。"

士兵们听到了曹操说的话，脑海里立刻浮现出了梅子的样子，仿佛自己已经吃到了梅子一样，口水都忍不住流出来了。于是重新振奋起来，加快步伐，想赶到前面去吃梅子，全体士兵都有了前行的动力。就这样，他们最终找到了有水源的地方。

从这个故事我们可以看出曹操的谋略。这也告诉了我们，世上无难事，只怕有心人。只要我们再坚持一下，胜利便在前方。而望梅止渴，如今也成为了一个日常使用的成语，比喻当愿望无法实现的时候，用空想来满足自己。

## Pinyin (拼音)

Jùshuō yǒuyīcì, cáocāo dài bīng zài háng jūn lù túzhōng, cǐ shí zhèng zhí shèngxià, tiānqì yánrè gānzào, dài de shuǐyuán yě zǎo jiù yòng wánliǎo, shìbīngmen yǐjīng píbèi bùkānle, érqiě zhè yī lùshàng dū shì huāng jiāoyě lǐng, huāngwúrényān, fùjìn gēnběn jiù méiyǒu jūmín jūzhù, xiǎng qù tǎo diǎn shuǐ hē dōu méiyǒu bànfǎ, chúle rěnshòu bié wú tā fǎ.

Súhuà shuō dé hǎo, shuǐ shì shēngmìng zhī yuán, méiyǒule shuǐ, jiù děngyú shīqùle shēngmìng de zhīchēng. Shìbīngmen yěshì rén, yě yào hē shuǐ. Yóuyú chángqí hē bù dào shuǐ, shìbīngmen yīgè jiēzhe yīgè de sǐqù, nǎpà shì shēntǐ qiángzhuàng de, yě dǐkàng bùliǎo zhè zhǒng zhémó.

Cáocāo jiàn zhuàng, nèixīn shífēn zhāojí, xiǎng kuài diǎn zhǎo gè dìfāng huòqǔ yīxiē shuǐyuán yǐ jiě ránméizhījí. Kěshì fàngyǎn wàng qù, zhōuwéi dōu shì gānhàn de tǔdì, cùncǎobùshēng, lián gè xiǎo dòngwù dōu kàn bùjiàn, gèng bié shuō yǒurén jūzhùle, zhè gāi qù nǎlǐ xúnzhǎo shuǐyuán ne.

Cáocāo xīn xiǎng jué bùnéng jiùcǐ fàngqì, dé xiǎng gè bànfǎ lái gǔwǔ shìqì. Túrán cáocāo língjī yīdòng, duì shìbīng shuōdao:"Hǎo xiāoxī hǎo xiāoxī, qiánfāng yǒu yī dàpiàn méilín, zhǐyào wǒmen zài jiānchí yīxià, zǒu dào qiánmiàn de méilín, jiù néng chī dào guǒzile."

Shìbīngmen tīng dàole cáocāo shuō dehuà, nǎohǎi lǐ lìkè fúxiàn chūle méizi de yàngzi, fǎngfú zìjǐ yǐjīng chī dàole méizi yīyàng, kǒushuǐ dū rěn bù zhù liú chūláile. Yúshì chóngxīn zhènfèn qǐlái, jiākuài bùfá, xiǎng gǎn dào qiánmiàn qù chī méizi, quántǐ shìbīng dōu yǒule qián xíng de dònglì. Jiù zhèyàng, tāmen zuìzhōng zhǎodàole yǒu shuǐyuán dì dìfāng.

Cóng zhège gùshì wǒmen kěyǐ kàn chū cáocāo de móulüè. Zhè yě gàosùle wǒmen, shìshàng wú nánshì, zhǐ pà yǒuxīnrén. Zhǐyào wǒmen zài jiānchí yīxià, shènglì biàn zài qiánfāng. Ér wàngméizhǐkě, rújīn yě chéngwéile yīgè rìcháng shǐyòng de chéngyǔ, bǐyù dāng yuànwàng wúfǎ shíxiàn de shíhòu, yòng kōngxiǎng lái mǎnzú zìjǐ.

# AN IGNORANT PERSON (吴下阿蒙)

| 1 | 手下 | Shǒuxià | Under the leadership of; under |
|---|---|---|---|
| 2 | 将领 | Jiànglǐng | High-ranking military officer; general |
| 3 | 一直 | Yīzhí | Straight; straightforward |
| 4 | 跟着 | Gēnzhe | Follow; in the wake of |
| 5 | 四处 | Sìchù | All around; in all directions; everywhere |
| 6 | 打仗 | Dǎzhàng | Fight; go to war; make war |
| 7 | 很多 | Hěnduō | A lot of; a great many of; a good many of |
| 8 | 胜仗 | Shèng zhàng | Victorious battle; victory |
| 9 | 功绩 | Gōngjī | Merits and achievements; contribution; feats |
| 10 | 从小 | Cóngxiǎo | From childhood; since one was very young; as a child |
| 11 | 识字 | Shìzì | Learn to read; become literate |
| 12 | 不认识 | Bù rènshí | Incognizance |
| 13 | 大字 | Dàzì | Big character |
| 14 | 礼仪 | Lǐyí | Etiquette; rite; protocol |
| 15 | 相处 | Xiāngchǔ | Get along with; get on; live together |
| 16 | 笑话 | Xiàohuà | Joke; jest; jape |
| 17 | 吴下阿蒙 | Wú xià ā méng | An ignorant person |
| 18 | 有一次 | Yǒu yīcì | Once; on one occasion |
| 19 | 比如说 | Bǐrú shuō | For example; For example; say; For instance |
| 20 | 孙子兵法 | Sūnzi bīngfǎ | Sun Zi Bing Fa; Master Sun's Art |

| | | | of War |
|---|---|---|---|
| 21 | 不以为然 | Bùyǐwéirán | Not to regard it as right; object to |
| 22 | 书本 | Shūběn | Book |
| 23 | 打胜仗 | Dǎ shèng zhàng | Be victorious; win a war |
| 24 | 有时间 | Yǒu shíjiān | Time; to have time; get time |
| 25 | 理直气壮 | Lǐzhí qìzhuàng | Be in the right and self-confident |
| 26 | 抽空 | Chōukòng | Manage to find time; evacuate |
| 27 | 汉书 | Hàn shū | Han history |
| 28 | 史记 | Shǐjì | Historical Records, by Sima Qian |
| 29 | 古籍 | Gǔjí | Ancient books |
| 30 | 当中 | Dāng zhōng | In the middle |
| 31 | 学到 | Xué dào | In acquiring |
| 32 | 不仅仅 | Bùjǐn jǐn | More than; Not only; not just |
| 33 | 为人处事 | Wéirén chǔshì | Behave; bear oneself; conduct oneself |
| 34 | 道理 | Dàolǐ | Truth; reason; principle |
| 35 | 黄金 | Huángjīn | Gold |
| 36 | 古人 | Gǔrén | The ancients; our forefathers |
| 37 | 启发 | Qǐfā | Arouse; inspire; illuminate; enlighten |
| 38 | 决心要 | Juéxīn yào | Be bent on |
| 39 | 好好 | Hǎohǎo | In perfectly good condition; all out; to one's heart's content |
| 40 | 读书 | Dúshū | Read; study; attend school |
| 41 | 好好学习 | Hǎo hào xuéxí | Good at study; study hard |
| 42 | 刮目相看 | Guāmù xiāngkàn | Sit up and take notice |
| 43 | 一开始 | Yī kāishǐ | In the outset |

| 44 | 枯燥 | Kūzào | Dull and dry; uninteresting; monotonous |
| 45 | 久而久之 | Jiǔ'ér jiǔzhī | In the course of time; as time passes; with the lapse of time |
| 46 | 乐趣 | Lèqù | Delight; pleasure; joy |
| 47 | 慢慢 | Màn man | Slowly; leisurely; gradually |
| 48 | 养成 | Yǎng chéng | Cultivate; develop |
| 49 | 好习惯 | Hǎo xíguàn | Good habit; good habits; a good habit |
| 50 | 平时 | Píngshí | In normal times; at ordinary times; in peacetime |
| 51 | 拿出 | Ná chū | Take out; produce |
| 52 | 军营 | Jūnyíng | Military camp; barracks |
| 53 | 看不起 | Kànbùqǐ | Look down upon; scorn; despise; disdain |
| 54 | 嫌弃 | Xiánqì | Dislike and avoid; cold-shoulder |
| 55 | 粗人 | Cū rén | Rough fellow; boor; unrefined person; careless person |
| 56 | 带兵 | Dài bīng | Head troops |
| 57 | 一无是处 | Yīwú shìchù | Nothing is right; absolutely without merit |
| 58 | 往日 | Wǎngrì | Former days; bygone days |
| 59 | 当初 | Dāngchū | At the beginning; originally; at the outset; in the first place |
| 60 | 不学无术 | Bù xué wú shù | Have neither knowledge nor skill |
| 61 | 这一次 | Zhè yīcì | This time; on this occasion; for once |
| 62 | 主动 | Zhǔdòng | Initiative; driving |
| 63 | 大吃一惊 | Dàchī yījīng | Be startled at; be astounded at; be given quite a turn |

| 64 | 居然 | Jūrán | Unexpectedly; to one's surprise |
| 65 | 学问 | Xuéwèn | Learning; knowledge; scholarship |
| 66 | 太阳 | Tàiyáng | The sun; sunshine; sunlight |
| 67 | 西边 | Xībian | West |
| 68 | 一会儿 | Yīhuǐ'er | A little while |
| 69 | 敬佩 | Jìngpèi | Esteem; admire; express admiration for; have a great esteem for |
| 70 | 肚子 | Dù zi | Abdomen; paunch; belly; tummy; tripe |
| 71 | 墨水 | Mòshuǐ | Prepared Chinese ink; ink; book learning |
| 72 | 从此以后 | Cóngcǐ yǐhòu | From this moment on, henceforth |
| 73 | 更加 | Gèngjiā | To a higher degree; still further; still more |
| 74 | 器重 | Qìzhòng | Think highly of; regard highly; have a high opinion of |
| 75 | 方面 | Fāngmiàn | Respect; aspect; side; field |
| 76 | 取得 | Qǔdé | Acquire; gain; obtain |
| 77 | 成就 | Chéngjiù | Achievement; accomplishment |

## Pinyin (拼音)

吕蒙是孙权手下的一位将领，他一直跟着孙权四处打仗，打了很多胜仗，也立下了很多功绩。

虽然吕蒙在军事打仗方面取得了很大的成就，但是他从小就没有学文识字，因此不认识几个大字，也不懂得什么礼仪。因此在跟别人相处的时候，别人都笑话他，还称他为"吴下阿蒙"。

有一次，孙权同吕蒙讲话，说到他应该多读几本书，多学一些打仗方面的战略，比如说《孙子兵法》。但是吕蒙不以为然，觉得自己不靠书本也能打胜仗。而且打仗那么忙，哪有时间读书，吕蒙说的非常理直气壮。

孙权回答道："要说忙，你不会比我更忙吧，但是我抽空已经看了很多书了。从《汉书》，《史记》等古籍当中我学到了很多不仅仅是打仗方面的知识，还有为人处事方面的道理，这些知识和道理让我成为了更好的人。书中自有黄金屋，书中自有颜如玉，古人说的话不是没有道理的，这些道理你读了书之后便会明白。"吕蒙听了后，大受启发，决心要好好读书，好好学习，让人对他刮目相看。

虽然一开始，吕蒙也是觉得很学习枯燥，但是久而久之，吕蒙也逐渐发现了学习的乐趣，并且也慢慢的养成了学习的好习惯，平时有空就拿出书来读一读。久而久之，倒也成了一位内外兼修的人。

有一次，鲁肃来到吕蒙所在的军营里。之前，鲁肃就非常看不起吕蒙，就是因为吕蒙没文化，鲁肃嫌弃他是个粗人，说话做事没礼貌，认为他除了带兵打仗一无是处，"吴下阿蒙"的绰号就是鲁肃给吕蒙取的。

可今时不同往日啊，吕蒙已经不是当初那个不学无术的人了。这一次，吕蒙还主动向鲁肃讨论起学术问题来了。这让鲁肃大吃一惊，想当初，吕蒙还不认识几个字，现在居然还跟他讨论学问，这可真是太阳打西边出来了。听了一会儿后，鲁肃真对吕蒙起了敬佩之情，因为吕蒙真的肚子里有墨水。

从此以后，吕蒙更加深受器重，在率兵打仗方面取得了更大的成就。

## Pinyin (拼音)

Lǚméng shì sūnquán shǒuxià de yī wèi jiànglǐng, tā yīzhí gēnzhe sūnquán sìchù dǎzhàng, dǎle hěnduō shèngzhàng, yě lì xiàle hěnduō gōngjī.

Suīrán lǚméng zài jūnshì dǎzhàng fāngmiàn qǔdéle hěn dà de chéngjiù, dànshì tā cóngxiǎo jiù méiyǒu xué wén shìzì, yīncǐ bù rènshí jǐ gè dàzì, yě bù dǒngdé shénme lǐyí. Yīncǐ zài gēn biérén xiāngchǔ de shíhòu, biérén dōu xiàohuà tā, hái chēng tā wèi "wú xià ā méng".

Yǒu yīcì, sūnquán tóng lǚméng jiǎnghuà, shuō dào tā yīnggāi duō dú jǐ běn shū, duō xué yīxiē dǎzhàng fāngmiàn de zhànlüè, bǐrú shuō "sūnzi bīngfǎ". Dànshì lǚméng bùyǐwéirán, juédé zìjǐ bù kào shūběn yě néng dǎ shèngzhàng. Érqiě dǎzhàng nàme máng, nǎ yǒu shíjiān dúshū, lǚméng shuō de fēicháng lǐzhíqìzhuàng.

Sūnquán huídá dào:"Yào shuō máng, nǐ bù huì bǐ wǒ gèng máng ba, dànshì wǒ chōukòng yǐjīng kànle hěnduō shūle. Cóng "hàn shū", "shǐjì" děng gǔjí dāngzhōng wǒ xué dàole hěnduō bùjǐn jǐn shì dǎzhàng fāngmiàn de zhīshì, hái yǒu wéirén chǔshì fāngmiàn de dàolǐ, zhèxiē zhīshì hé dàolǐ ràng wǒ chéngwéile gèng hǎo de rén. Shū zhōng zì yǒu huángjīn wū, shū zhōng zì yǒu yánrúyù, gǔrén shuō dehuà bùshì méiyǒu dàolǐ de, zhèxiē dàolǐ nǐ dúle shū zhīhòu biàn huì míngbái." Lǚméng tīngle hòu, dà shòu qǐfā, juéxīn yào hǎohǎo dúshū, hǎo hào xuéxí, ràng rén duì tā guāmùxiāngkàn.

Suīrán yī kāishǐ, lǚméng yěshì juédé hěn xuéxí kūzào, dànshì jiǔ'érjiǔzhī, lǚméng yě zhújiàn fāxiànle xuéxí de lèqù, bìngqiě yě màn man de yǎng chéngle xuéxí de hǎo xíguàn, píngshí yǒu kòng jiù ná chū shū lái dú yī dú. Jiǔ'érjiǔzhī, dào yě chéngle yī wèi nèiwài jiān xiū de rén.

Yǒu yīcì, lǔ sù lái dào lǚméng suǒzài de jūnyíng lǐ. Zhīqián, lǔ sù jiù fēicháng kànbùqǐ lǚméng, jiùshì yīnwèi lǚméng méi wénhuà, lǔ sù xiánqì tā shìgè cū rén, shuōhuà zuòshì méi lǐmào, rènwéi tā chúle dài bīng dǎzhàng yīwúshìchù, "wú xià ā méng" de chuòhào jiùshì lǔ sù gěi lǚméng qǔ de.

Kě jīn shí bùtóng wǎngrì a, lǚméng yǐjīng bùshì dāngchū nàgè bù xué wú shù de rénle. Zhè yīcì, lǚméng hái zhǔdòng xiàng lǔ sù tǎolùn qǐ xuéshù wèntí láile. Zhè ràng lǔ sù dàchīyījīng, xiǎng dāngchū, lǚméng hái bù rènshí jǐ gè zì, xiànzài jūrán hái gēn tā tǎolùn xuéwèn, zhè kě zhēnshi tàiyáng dǎ xībian chūláile. Tīngle yīhuǐ'er hòu, lǔ sù zhēn duì lǚméng qǐle jìngpèi zhī qíng, yīnwèi lǚméng zhēn de dùzi li yǒu mòshuǐ.

Cóngcǐ yǐhòu, lǚméng gèngjiā shēn shòu qìzhòng, zài lù bīng dǎzhàng fāngmiàn qǔdéle gèng dà de chéngjiù.

www.QuoraChinese.com